GÉNÉALOGIE

DE LA

MAISON D'IRLAND,

ET DE CELLE

DE SAINTE HERMINE.

PATENTE

DU ROI

DE LA GRANDE BRETAGNE

Pour la confirmation de l'antiquité de la noblesse de MM. Irland, avec une attestation faite sur les lieux & la traduction, avec une autre Patente du Roi de France, ensemble l'Arrêt de vérification de la Cour de Parlement à Paris.

A PARIS,

Chez P. G. Simon, Imprimeur du Parlement, rue Mignon Saint-André-des-Arcs.

M. DCC. LXXX.

Carolus Dei gratiâ, Scotiæ, Angliæ, Franciæ, & Hiberniæ Rex, Fidei Defenſor. Omnibus & ſingulis, ad quorum amicas manus, has Litteras præſentes pervenire contigerit, Salutem. Sciatis nos exacto facto ſcrutinio & inquiſitione diligenti, pro certo comperiſſe, ſubditos noſtros cognomine Irland, ex nobili & generosâ familiâ in Scotiâ noſtrâ oriundos, eoſque per longiſſimam annorum ſeriem, in dicto Regno, ut generoſos & virtutis ſtudioſos, ut tales decebat, vixiſſe. Fuiſſe etiam in bello, fortitudine; in pace, prudentiâ inſignes; fortes & fideles quemadmodum poſtulabat occaſio, Scotiæ Regibus progenitoribus noſtris continuò ſe præſtitiſſe. Honeſtiſſimæ illius familiæ authores, in Lornam Scotiæ Provinciam Hiberniæ maximè vicinam, ante ſeptingentos annos, ſedes quæſituri novas migrarunt,

A iij

ibique terram de Bordlland per tres annorum centurias poſſederunt. Poſteà verò illâ relictâ regione, in Pertham, aliam Scotiæ Provinciam, mitiore cœlo & cultu magis civili fruituri ſe tranſtulerunt. Terras & Baroniam de Murthlye, ante Regis Roberti I. tempora acquiſiverunt. Matrimonia cum vicinis æqualibus nobilibus & generoſis Moravijs, Drummundis, Merceris aliiſque ejus Provinciæ Viris claris, ad familiam ibi confirmandam, contraxerunt. Inter cæteros ex Irlandorum, in Scotiâ, familiâ clari nominis viros, unus nomine Stephanus Irland Baro de Murthlye, dùm Excellentiſſimus & ſemper cum honore compellandus Scotiæ Prorex Dominus Guillelmus Vallas Patriam à ſævâ tirannide turpique Anglorum ſervitute ſtrenuè vindicaret, eminuit, inſignemque fortiſſimo Duci præſtitit operam, ſibi famam acquiſivit, familiæ claritudinem auxit. Dictamque Baroniam, cum honore & dignitate feliciter tenuerunt ad

annum millefimum trecentefimum , &
adhuc ut conjectura præfumere licet ,
hæreditatem in eodem nomine confer-
vaffent, homines probitate vitæ & mo-
deratione fingulari ; fi hæres mafculus
Alexandro de Irland ejus nominis Baroni
poftremo obtigiffet ; qui filiam quam
habebat unicam, viro cuidam generofo ,
fed ex aliâ familiâ , alioque cognomine,
Baroni de Albercrumbry, in matrimonium
collocavit , eique dictam Baroniam de
Murthlye in dotem dedit. Quo matrimonio cognomen Irland , quod diu cum
laude & magnâ omnium exiftimatione
floruerat , funditus extinctum fuiffet ;
nifi idem Alexander terram de Burnben,
fortunæ fuæ partem tertiam , vir probus
& prudens , gentifque fuæ & nominis
amantiffimus , avunculo Joanni Irland ,
ad nomen familiæ originarium confer-
vandum donaffet. Joannes vir fummæ
induftriæ & frugalitatis, ejufque pofteri
neceffitudines cum viris ejus Provinciæ

maximè conspicuis & claris, ut familiam
Irlandorum priori æmulam constitue-
rent, seque conspectiores redderent,
contraxerunt. Ex his unus, ante ducen-
tos annos, nomine Guillelmus Irland
de Burnben, uxorem duxit Isabellam
Pitsindy, patrisque Pitsindy de eodem
filiam ; ex quâ filium suscepit Alexan-
drum Irland de Burnben. Hic verò
matrimonio sibi junxit Margaritam
Couts filiam Toparchi de Auchterfoull & Annæ Auchinmouty. Ex
illâ dictus Alexander Irland filios
Joannem & Robertum habuit. Natu
major Joannes domi remansit, rem suam
curavit, familiam propagavit ; quæ in
hunc usque diem perdurat. Robertus
verò minor, optimæ indolis & acris
ingenii juvenis, cùm Litteras humanio-
res & Philosophiam, in Patriâ didicisset,
ad majorem scientiam & famam acqui-
rendam, fortunamque sibi & posteris
doctrinâ & virtute propriâ parandam,
in Galliam ante annos centum & qua-

draginta, Francifci I. Francorum **Regis** tempore, profeſtus eſt. Ibi fcientiis & legibus fe applicavit; quarum ope, Irlandorum familiam, quafi tertiam, apud exteros, duabus prioribus de Murthlye & de Burnben nullatenùs inferiorem erexit; Liberos graviter, prudenterque educavit. Hic Robertus Irland, qui ejus familiæ primus in Galliam trajecit Juris utriufque Doſtor (à quo defcenderunt ejus nominis omnes qui fedes in illo regno pofuerunt) duas habuit uxores. Ex primâ unum fufcepit filium, qui poſteà in matrimonium accepit nobilis cujuſdam Piſtavienfis filiam, quam matrem fecit unius filii, qui doſtus evadens & clarus Jurifconfultus, ad Senatoris officium in fupremo Britanniæ Arĕmoricæ Senatu eveſtus eſt, & ad annos quinquaginta vixit; filiumque reliquit fortunarum & officii hæredem. Is poſt annos aliquot Piſtavium (quò avus primò adveſtus eſt) fe recepit, ibique Prætoris capitalis, feu

Judicis de criminibus officio, cum laude functus est, illudque filio reliquit. Dicti Roberti Irland Juris utriufque Doctoris celeberrimi Conjux fecunda Clata de Aubert, foror Præfidis d'Avanton, ex clariffimâ inter Pictones familiâ & jam longævo feni filium peperit; cui Bonaventuræ nomen ad facrum Lavacrum indictum eft. Hic eruditus erat, & Jurifprudentiæ ftudiofus & in Curiâ Præfidiali Pictavii Judicum unus. Ejus filius itidem Bonaventura Dominus de Lavau Irland, vir bello clarus, in aulâ gratus, probis omnibus charus, Galliarum Monarchæ à Confiliis, Sereniffimæ Reginæ ejus, Matri, Annæ Auftriacæ à domefticis rationibus felix vivit. Hic per amicos, & propinquiores fuos, à nobis humiliter petiit, ut ex gratiâ noftrâ, Litteras Patentes, Sigillo Regni noftri Scotiæ, majore munitas, de familiæ fuæ origine, totâque profapiâ obtinere poffet. Quod quidem libenter conceffimus & teftimonium noftrum rei veritati;

& perfonarum virtuti & dignitati ne-
gare noluimus. Quocircà obnixè rogamus
Sereniffimos, Potentiffimos, Celfiffimos,
Illuftriffimos, Imperatores, Reges, Prin-
cipes, Duces, Ordines, Marchiones,
Comites, omnefque fupremam, vel fu-
bordinatam in fuis refpectivis Ditionibus, Jurifdictionibufque authoritatem
habentes, ut præfatum clariffimum
de Lavau Irland, Liberofque ejus
legitimos & Propinquos Irlandorum
Sanguine fibi junctos, ut reverâ gene-
rofos & nobiles habeant, & patrocinio
fuo tales tueantur & afferant, iifdem-
que quietam, & liberam honorum,
dignitatum, privilegiorum, immunita-
tum & exemptionum indulgeant frui-
tionem & poffeffionem, quæ ejufmodi
nobilibus & generofis Scotis fubditis nof-
tris, in prædictis fuis Ditionibus, Jurifdictionibufque concedi folent, fibi-
que perfuafum habeant, quæcumque
illis amicitiæ vel benevolentiæ teftimo-
nia exhibuerint, nos eâdem fimili oblatâ

occafione, pari gratiâ compenfaturos. IN CUJUS REI TESTIMONIUM has Litteras noftras patentes fibi fieri fecimus, & Sigillo Regni noftri Scotiæ majore muniri præcepimus. Apud Aulam noftram Whythall, vigefimo octavo die menfis Julii, Anno partæ Salutis humanæ, millefimo fexcentefimo fexagefimo quarto, & anno regni noftri decimo-fexto.

Per fignaturam manu S. D. N. regis fupra fcriptam.

Ici eft le grand Sceau d'Ecoffe de cire rouge, en lacs de foie, d'argent & violet.

Et fur le repli de la Patente eft écrit :

Sigillatum Edemburgi, decimo-nono die menfis Aprilis, anno Domini 1665.

F. BONSEM.

Et enfuite :

Scriptum ad magnum figillum S. D. N. Regis.

A me Cancellariæ directoris deputato fubfcribente, decimo-nono die menfis Aprilis 1665.

J. E. HESONE.

Collationné à l'Original, par moi Confeiller, Secrétaire du Roi & de fes Finances.

Signé SEGUIN.

TRADUCTION

de la précédente Patente.

CHARLES, par la grace de Dieu, Roi d'Ecoſſe, d'Angleterre, de France & d'Hybernie, Défenſeur de la Foi: A tous amis entre les mains de qui tomberont les préſentes Lettres Patentes; SALUT. Sachez qu'après un examen & & une recherche très - exacte, Nous avons trouvé pour une choſe très-aſſûrée, que nos Sujets qui portent le nom d'Irland en Ecoſſe, ſont ſortis d'une très-noble & très - ancienne famille, qu'ils ont vécu dans ledit Royaume, pendant une longue ſuite d'années, comme ils devoient, & qu'ils ſe ſont toujours diſtingués par leur bravoure & leurs vertus; qu'ils ont fait connoître auſſi leur valeur dans la Guerre, & leur prudence dans la Paix; qu'ils

ont toujours donné des marques de leur
naiſſance & de leur fidélité aux Rois
d'Ecoſſe nos Prédéceſſeurs , dans
toutes les occaſions qui s'en ſont pré-
ſentées. Les Auteurs de cette noble Famille voulant changer de demeure ,
paſſerent , il y a plus de ſept cens ans,
d'Hybernie dans la Province de Lorn
en Ecoſſe , qui étoit la plus proche du
lieu qu'ils quittoient. Ils y ont poſſédé
pendant trois cens ans la terre de Bordlland : & puis en quittant ce lieu pour
vivre dans un climat plus doux , & avec
des gens plus civiliſés , ils allerent en
Perth une autre Province d'Ecoſſe.
Ils y acheterent les terres & la Baronnie de Murthlye , avant le regne de
Robert I ; & pour y mieux établir leur
Maiſon , ils s'allierent par des mariages
avec leurs voiſins , leurs égaux , les
nobles & généreux Murrays , Drummunds & Merciers, & d'autres des plus
illuſtres du Pays. Entre les plus remar-
quables de ceux qui ont porté le nom

d'Irland en Ecoffe, un nommé Etienne Irland, Baron de Murthlye, a eu de grands
avantages, lorfque le très-excellent, &
qu'on doit toujours nommer avec honneur, Guillaume Vallas, Viceroi d'E-
coffe, tiroit fa Patrie de la cruelle ty-
rannie & honteux efclavage des An-
glais. Il donna un fecours très-confidé-
rable à ce grand Capitaine, s'acquit
une grande réputation, & augmenta la
fplendeur de fa famille. Les Irland ont
confervé avec honneur & dignité ladite Baronnie de Murthlye jufqu'à l'année 1300; & comme il eft aifé à con-
jecturer, ces gens qui faifoient profeffion d'une probité & d'une modéra-
tion particuliere, auroient confervé cet
héritage dans leur Maifon, fi Alexandre
Irland, le dernier Baron de ce nom,
eût eu un fils pour être fon héritier;
il maria une feule fille qu'il avoit avec
le Baron d'Albercrumbry, un très-honnête
homme, mais d'une autre Maifon &
d'un autre nom, à qui il donna la Ba-

ronnie de Murthlye. Le nom d'Irland ,
qui avoit long-temps duré avec une ef-
time générale de tout le monde , auroit
été tout à fait éteint par ce mariage ,
fi le même Alexandre , homme d'une
grande probité & d'une prudence particuliere , par l'amitié qu'il avoit pour
fa famille & pour fon nom , n'eût donné
pour le conferver la terre de Burnben ,
qui étoit la troifieme partie de fon bien
à fon oncle Jean Irland. Ce Gentilhomme qui avoit beaucoup d'in-
duftrie & d'économie , & fes defcendans firent alliance avec les plus
élevés & les plus illuftres de la Province , afin de fe rendre plus confidé-
rables , & relever la famille des Irland ,
au degré où elle étoit auparavant. Il y
a plus de deux cens ans qu'il y eut un
de ceux-là , appellé Guillaume Irland
de Burnben , qui fe maria avec Ifabelle
Pitfindy , fille de Pierre Pitfindy , de qui
il eut un fils qu'on nomma Alexandre
Irland de Burnben , qui fe maria avec
Marguerite

Marguerite Couts, fille du Seigneur d'Auchterfoull, & d'Anne Auchinmouty: Cet Alexandre en eut deux fils, Jean & Robert. Jean qui étoit l'aîné demeura dans le Pays ; il eut foin de fes affaires, & aggrandit fa famille qui dure encore à préfent. Robert le cadet, jeune homme d'un bon naturel & d'un efprit vif & pénétrant, ayant fait fes humanités & appris la philofophie dans fon Pays, alla en France il y a plus de cent quarante ans, du regne de François Ier, Roi de France, pour y acquérir avec plus de fcience une plus grande réputation, & pour y faire une plus grande fortune pour lui & fes defcendans, par le moyen de fa doctrine & de fa propre vertu. C'eft là qu'il eut une trèsgrande application aux Sciences, & particuliérement à celle du droit, qui lui facilita les moyens d'établir une troifieme famille chez les Etrangers, qui ne cédoit en rien aux deux premieres de Murthlye & de Burnben, & il eut

un foin très-particulier de l'éducation
de fes enfans. Ce Robert Irland, le premier de cette Maifon qui paffa en
France, Docteur en Droit, de qui font
defcendus tous ceux qui font établis dans
ce Royaume, eut deux femmes; de la
premiere il n'eut qu'un fils, qui ayant
époufé la fille d'un Gentilhomme de
Poitiers, en eut un fils, qui après avoir
bien appris le Droit, eut une Charge
de Confeiller au Parlement de Bretagne, & vécut cinquante ans; il laiffa
un fils héritier de fon bien & de fa
Charge, qui fe retira après quelques
années à Poitiers, où fon aïeul s'étoit
premierement établi; & y ayant eu la
Charge de Lieutenant Général Criminel, il la fit avec un fuccès & un ap-
plaudiffement univerfel, & en mourant
la laiffa à fon fils. La feconde femme
dudit Robert Irland, alors très-fameux
Docteur en Droit, fut Clairé d'Aubert,
fœur du Préfident d'Aventon, d'une des
plus illuftres familles du Poitou. Elle
donna un fils à fon mari déja vieux,

qu'on nomma Bonnaventure au faint Baptême, qui fut très-favant auffi en Droit, & fut Confeiller au Préfidial de Poitiers. Son fils, qui s'appelle auffi Bonnaventure de Lavau Irland, qui eut des emplois dans la Guerre, qui eft bien vu du Roi fon Maître, & aimé de tous les gens de bien, Confeiller du Roi de France en fes Confeils d'Etat & Privé, & Contrôleur Général de la Séréniffime Reine Anne d'Autriche fa Mere, nous a fait demander par fes amis & fes plus proches parens, que nous lui fiffions la grace de lui accorder des Lettres Patentes, fcellées du grand Sceau de notre Royaumed'Ecoffe, pour rendre témoignage de l'origine de fa Maifon & de toute fa Race, ce que nous lui avons accordé fans peine ; & n'avons pas voulu refufer notre témoignage à la vérité, au mérite, & à la dignité des perfonnes ; c'eft pourquoi Nous prions inftamment les Séréniffimes, très-Puiffans, très-Hauts, très-

Illuftres Empereurs , Rois , Princes ,
Ducs, Etats, Marquis , Comtes & tous
autres ayans une autorité fouveraine
où fubordonnée dans leurs Terres &
Jurifdictions , qu'ils tiennent ledit très-
Illuftre de Lavau Irland , fes enfans
légitimes & fes parens du même nom
pour nobles & gentilshommes , & leurs
donnent comme à tels leurs protections,
& leur accordent une jouiffance & pof-
feffion libre & tranquille de tous honneurs, dignités , privileges, immunités
& exemptions qu'ils ont accoutumé d'accorder dans leurs Etats & Jurifdictions ,
à nos Sujets Ecoffais , Nobles & Gen-
tilhommes , & qu'ils foient perfuadés
que Nous leur rendrons pareilles marques d'amitié & de bienveillance qu'ils
leur donneront. En foi de quoi Nous
leur avons fait expédier les préfentes
Lettres Patentes, & les avons fait fceller
du grand Sceau de noftre Royaume
d'Ecoffe , en notre Cour de Whythall ,
le vingt-huitieme de Juillet , l'an de

notre falut mil fix cent foixante-quatre,
& de notre regne le feizieme.

WEE Vnderfubfcryvers doe certifie
to all, whom thefe prefents may con-
cerne, that the predeceffours of thefe,
whobare the name and armes of Irland
in Scotland, came from Irland into
Scotland, as wee are Crediblie infor-
meel, and that they firft abode and pof-
feffions of land, was in Lorn neare to
the Countee of Argyle, which is the
Province in Scotland neareft to Irland,
and the Lands they poffeffed in Lorn
were called Bordlland, fome hundreds
of yeares after they tranfported them-
felves to the Province of Perth; wher
they acquired the Lands and Baronie
of Murthlye, before the Reigne of
King Robert Bruce, which Lands and
Baronie they poffeffed Severall years,
till the laft Baron of Murthlye, mar-

ryed his only daughter to the Baron
of Albercrummbry, and gave him the
Lands of Murthlye : fo the Lands went
from the Name of Irland, and gave to
his Vnkle the Lands of Burnben, being
à thir part of the Lands of Murthlye.
It is neare three hundred years Since
the Lans of Burnben were given out
to the Vnkle , and are yet poffeffed
by the name of Irland , and fucceffors
of the Baron of Murthlye Irland. Alfo
wee are certainely informed , by the
moft ancien men of the Countrie , that
an brother of John Irland of Burnben,
named Robert Irland , about fevenfcore
ten years Since, or thereby, went out
of Scotland into France , whofe , fa-
thers mother was of the houfe of Pitfindy, his mother of the houfe of Couts,
and mothers mother of the houfe of
Auchinmouty , of whom is defcended
M. de Lavaud Irland, Controller gene-
ral of Queen Mother of France her

houſe, to whom this Robert Irland was Grand-father. ANEIKLOVRE.

Irland, Baron of Murthlye Lord of Neikloure.

Alexander Irland, Baron of Domſey.

Alexander Irland Elder of Burnben.

M. Alexander Irland, Miniſter of Fosbukye.

John Paton of Courdoun.

Alexander Paton.

John Paton of Baliſilque.

M. Alexander Irland Deane of Duquell.

M. William Ratray, Miniſter of Cargille.

Sa: Miniſter of Blaringoun.

M. John Blair, Miniſter of Caputh.

M. John Roberſone of Banderan.

M. John Simpſone, Miniſter of Dull.

Drumond.

Grahame.

Moray.

Balgilo.

Blair of Beſathy.

Blair of Petendright.

John Stevart.

Irland Baron of Burben.

Thomas Stevart, Baron of Fenton.

Atholl.

Ramſay.

Andreu Butler, Prevoſt.

John James Dean of Gild.

William Sharpe, Bailli.

Rankin, Bailli.

Stevart Comte.

Nous souſſignés, certifions à tous ceux qu'il appartiendra, en vertu des informations que Nous en avons très-dignes de créance, que les Prédéceſſeurs de ceux qui portent le nom & les armes d'Irland, ſont venus d'Irlande en Ecoſſe, & que leur premiere demeure & les terres qu'ils ont poſſédées dans la pro-

vince de Lorn, s'appelloient Bordlland;
& quelques centaines d'années après,
ils se font tranfportés dans la province
de Perth, où ils acquirent la Terre & Baronnie de Murthlye, dès devant le regne
du Roi Robert Bruce, laquelle Terre
& Baronnie ils ont poffédées plufieurs
fiecles, jufqu'à ce que le dernier Baron
de Murthlye donna fa fille en mariage
au Baron d'Albercrumbry, & lui donna
ladite Baronnie en dot, & donna à fon
oncle la Terre de Burnben, qui étoit
un tiers de la Terre de Murthlye. Il y
a près de trois cens ans que ladite Terre
fut donnée audit oncle, & fes defcendans portent encore le nom d'Irland,
venans des Barons de Murthlye Irland.
Nous fommes très-bien informés par les
plus anciens du Pays, dignes de croyance,
qu'il eft certain qu'un frere de Jean Irland de Burnben, nommé Robert Irland, fortit d'Ecoffe il y a environ cent
cinquante ans, pour aller en France. La
mere de fon pere étoit fille du Baron

de Pitfindy , & fa mere fillé du Baron
de Couts , & la mere de fa mere fille
du Baron d'Auchinmouty , d'où M. de
Lavaud Irland , Contrôleur Général de
la Maifon de la Reyne , Mere du Roi
de France , eft defcendu.

ANEIKLOVRE.

Irland, Baron de Murthlye, Comte de Neikloure.

Alexandre Irland , Baron de Domfey.

Alexandre Irland , fils iné de Burnben.

M. Alexandre Irland , Miniftre de Fosbukye.

Jean Paton de Courdoun.

Alexandre Paton.

Jean Paton de Balifilque.

M. Alexandre Irland , Doyen de Duquell.

M. Guillaume Ratray, Miniftre de Cargille.

Sa : Mercer de Blaringoun.

M. Jean Blaire , Miniftre de Caputh.

M. Jean Roberfone de Banderan.

M. Jean Simpfone , Miniftre de Dull.

Drummund , Comte.

Grahame , Comte.

Moray , Comte.

Balgilo , Baron.

Blaire de Befathy , Baron.

Blaire de Petendright , Baron.

Jean Stevart , Baron.

Irlan , Baron de Burnben.

Thomas Stevart , Baron de Fentone.

Atholl. Comte.

Ramfay , Comte.

Stevart , Comte.

André Butler , Prévôt des Marchands.

Iean Jacques , Echevin.

Guillaume Sharpe , Echevin.

Rankin , Echevin.

NOUS Secrétaire , Interprête du Roi
en Langue Anglaife & Ecoffaife , avons
traduit la préfente certification de la

Langue Ecoffaife en Français, qui contient fidélement les mêmes termes & le même fens de l'original, lequel j'ai remis à M. de Lavau Irland, pour lui fervir & valoir ce que de raifon. Fait à Paris, ce onzieme jour de Septembre mil fix cens foixante-cinq.

Signé K I R E P A T R I K, avec paraphe.

Collationné à l'Original, *par moi Confeiller & Secrétaire du Roi & de fes Finances.*

Signé SEGUIN.

L OUIS, par la grace de Dieu, Roi de France & de Navarre : à tous préfents & à venir ; SALUT. Comme la vraie Nobleffe tire fa plus grande gloire de fon ancienneté & de l'éloignement de fon origine ; auffi eft-il vrai de dire, que plus une perfonne a d'ancêtres Nobles & Illuftres dans fa Race, plus elle fe trouve élevée au-deffus du commun, principalement lorfqu'avec cet avantage , elle a hérité des mêmes vertus qui les ont rendus recommandables. Sur ce fondement , il eſt aiſé de juger des motifs qui ont convié notre amé & féal Bonnaventure Irland de Lavau , Conſeiller en nos Conſeils d'Etat & Privé , & Contrôleur Général de la Maiſon de la Reine , notre très-honorée Dame & Mere , de rechercher avec ſoin , ainſi qu'il nous l'a expoſé quels ont été les auteurs de la famille dont étoit deſcendu ſon aïeul , lequel étant originaire d'Ecoſſe , fut le premier de ſon nom qui paſſa en France , & qui a été comme la tige des branches de cette Maiſon y qui ſont établies. Pour réuſſir en cette recherche , il a eu recours à notre très-cher & très-amé bon Frere & Couſin le Roi de la Grande Bretagne , par l'autorité duquel s'étant fait un examen & une perquiſition très-exacte en Ecoſſe de la Nobleſſe & de l'ancienneté de cette Famille , il en a obtenu une preuve authentique par les Lettres Patentes que

notredit Frere lui en a fait expédier.
Et d'autant qu'une des principales fins
pour lefquelles ledit Irland de Lavau a
pris foin de retirer ainfi de l'oubli les
noms de fes aïeuls, particuliérement de
ceux dont les actions extraordinaires
méritoient que la mémoire en fût confervée à la Poftérité, a été de pouvoir
laiffer à fes fuccefseurs des exemples de
vertu tirés de fa propre Race, qui puf-
fent fervir à les exciter davantage à fui-
vre les traces de leurs prédécefseurs, &
à mériter de leur Patrie, par des fervices fignalés, autant que ceux-là ont
fait de la leur, Nous avons bien voulu
avoir égard à la très-humble fupplica-
tion qu'il nous a faite, d'approuver par
nos Lettres Patentes le témoignage porté
par celles de notredit Frere, de fon extraction, afin qu'elle ne puiffe à l'avenir
être ignorée ni révoquée en doute. A
quoi Nous nous fommes trouvés d'autant plus difpofés, que Nous avons en
particuliere recommandation les loua-

bles qualités qui fe rencontrent en fa
perfonne , & que Nous fommes fi fatis-
faits du zele extraordinaire & de la fidélité inviolable , dont il a toujours ac-
compagné les fervices qu'il nous a rendus , & à la Reine notredite Dame &
Mere , depuis quarante - huit années ,
tant en la fonction de fa Charge, qu'en
plufieurs autres emplois , dont il s'eft
acquitté à notre entiere fatisfaction;
qu'il n'y a point de graces qu'il puiffe
defirer de Nous, que Nous ne nous fen-
tions conviez à lui accorder ; Savoir
faifons : Qu'après avoir fait voir en notre Confeil lefdites Lettres Patentes de
notre Frere & Coufin le Roi de la Grande
Bretagne , ci-attachées fous le contre-
fcel de notre Chancellerie , contenant
une authentique atteftation de la Nobleffe & de l'ancienneté de la Race &
Famille du nom d'Irland, dont les Auteurs fortirent d'Hybernie, il y a plus de
fept cent ans , pour venir s'habituer en
Ecoffe, où eux & leurs defcendans pof-

féderent pendant trois cens ans la Terre
de Bordlland en la Province de Lorn,
& depuis pafferent en celle de Perth,
où ils acquirent la Baronnie de Murthlye,
& s'allierent par mariage avec les nobles familles des Murrays, Drummunds,
Meriers & autres non moins illuftres
que la leur. Ils pofféderent cette Baronnie jufqu'en l'année mil trois cent,
qu'Alexandre Irland la donna avec fa
fille unique en mariage au Baron d'lA-
bercrumbry : ayant réfervé feulement
la Terre de Burnben, qui n'étoit
que la troifieme partie de fon bien,
pour la laiffer à Jean Irland fon oncle,
afin de lui donner d'autant plus de
moyen de foutenir l'éclat de fa famille,
dont il devenoit le chef par la mort
de l'autre. Les fucceffeurs de ce Jean
continuerent de fe foutenir par de grandes alliances : & de ceux-là il y en eut
un appellé Guillaume Irland de Burnben, qui fe maria avec Ifabelle, de la
Maifon de Pitfindy, dont il eut un fils,

nommé Alexandre, qui époufa Marguerite Couts , fille du Seigneur d'Auchterfoull & d'Anne d'Auchinmouty ;
& cet Alexandre eut deux fils , l'un
nommé Jean , qui continua la branche
qui dure encore à préfent dans le Pays ,
& l'autre Robert , aïeul du Suppliant ,
& l'auteur de celle qui fubfifte en notre
Royaume. Ce Robert ayant dès fes jeu-
nes ans embraffé la profeffion des Lettres,
& s'y étant rendu auffi célèbre que l'a-
voient été fes peres en celle des Armes ,
vint en France , fous le regne de François Ier , & s'habitua en notre ville de
Poitiers, où il parvint à être Docteur en
Droit, & Régent en l'Univerfité de ladite
Ville. Et fe voyant d'autant plus engagé
cet emploi à finir fes jours dans ce
Royaume , il defira de fe faire natura-
lifer Français , & obtint du même Roi
toutes Lettres à ce néceffaires (1). Et

_____

(1) Au mois de Mai 1521 : l'Hiftoire d'Angleterre
& d'Ecoffe fait voir des Ambaffadeurs de cette famille
en Ecoffe & en France.

comme outre le profond favoir qu'il poffédoit, il n'étoit pas moins habile dans le Gouvernement politique ; il fut élu d'un commun confentement Echevin de la même Ville ; & dans l'exercice de cette Charge, il confirma à l'avantage du Public la bonne opinion qu'on avoit conçue de fa capacité, de fa fuffifance, & de fa dextérité au maniement des affaires les plus épineufes. Il époufa en premiere nôce Marie Saveteau, & de ce mariage fortit Jean Irland, qui fut Confeiller en notre Cour de Parlement de Rennes ; à laquelle Charge fuccéda fon fils, qui s'en étant défait, fut pourvu de celle de Lieutenant Criminel au Siége Préfidial de Poitiers, laquelle a été confervée à Jean Irland fon fils, qui l'exerce encore avec honneur & à la fatisfaction d'un chacun. Du fecond mariage de Robert avec Claire Aubert, fœur du Seigneur d'Aventon, Confeiller en la Grande

Grand'Chambre de notre Cour de Parlement de Paris, & depuis Président au Siege Préfidial de Poitiers, & le premier qui exerça cette Charge, eft iffu Bonaventure Irland, qui hérita de la fcience & de la vertu de fon pere, & fut comme lui Docteur Régent en la même Univerfité, & de plus Confeiller au Siege Préfidial : en l'une & en l'autre defquelles fonctions il a acquis beaucoup de réputation. Il contracta mariage avec Marie de Saufay, de la famille des Saufay, Barons de Contremoret ; & entr'autres enfans (1) eut le Suppliant, à la confidération duquel Nous nous fommes volontiers porté, à lui faire expédier nos Lettres fur ce néceffaires.

(1) Il eft configné dans les regiftres du Chapitre de l'Eglife infigne de Saint-Hylaire de Poitiers, dont le Roi eft Abbé, que le 10 Août 1659, le Roi & la Reine, Mere de Sa Majefté, préfenterent dans ladite Eglife au Saint Sacrement de Baptême, la fille de Haut & Puiffant Seigneur Louis Frottier, Seigneur de la Meffeliere & de Haute & Puiffante Dame Anne Irland fon époufe, à laquelle la Reine a donné le nom d'Anne & le Roi de Louife.

C

A CES CAUSES, & autres à ce nous mou-
vans, Nous avons dit & déclaré, difons
& déclarons par ces Préfentes, fignées
de notre main, que Nous reconnoiffons
ledit fieur de la Vau Irland, & tous les
defcendans de Robert pour Gentilshommes, iffus de la Noble famille des Irland, Seigneurs de Burnben, & auparavant Barons de Murthlye Ecoffais.
Avouons & autorifons, en tant que be-
foin feroit, l'ancienneté de leur Nobleffe,
fuivant le témoignage qu'en a rendu notredit bon Frere & Coufin le Roi de la
Grande Bretagne, Voulons & nous plaît,
que ledit fieur de Lavau Irland & autres
defcendans de Robert, enfemble leurs
enfans nés en loyal mariage, foient tenus, réputés & traités par tous nos Sujets, de quelque qualité & condition
qu'ils foient, pour Gentilshommes iffus
de ladite famille, & ayant droit d'en porter le nom & les Armes ; & que comme
tels ils jouiffent en tous lieux, actes &
affemblées des privileges, prérogatives,
titres & honneurs qui font dûs & peu-

vent appartenir à la qualité de Gentilhomme d'ancienne extraction. Si DONNONS EN MANDEMENT, à nos amés & féaux les Gens tenans notre Cour de Parlement à Paris, Baillis, Sénéchaux, leurs Lieutenans, & autres nos Officiers, Justiciers & Sujets qu'il appartiendra, que ces présentes ils fassent enregistrer, & de leur contenu souffrent & laissent jouir & user plainement, paisiblement & perpétuellement, ledit sieur de Lavau Irland; ensemble les descendans de Robert & leurs successeurs enfans, postérité & lignée, mâles & femelles, nés & à naître, comme dit est, en loyal mariage, & les faisant reconnoître en tous lieux & assemblées pour Gentilshommes d'ancienne extraction : CAR tel est notre plaisir. Et afin que ce soit chose ferme & stable à toujours, Nous avons fait mettre notre scel à cesdites Présentes. DONNÉ à Paris au mois de Septembre, l'an de grace mil six cent soixante-cinq, & de notre règne le vingt-troisieme. *Signé* LOUIS.

Et furle repli : Par le Roi , LE TELLIER.
Et fcellé du grand Sceau de cire verte,
en lacs de foie rouge & verte fur double
queue. Et à côté *vifa*. SEGUIER.

Collationné à l'Original , par moi Confeiller
& Secrétaire du Roi & de fes Finances.
Signé S E G U I N.

* * *

E X T R A I T des regiftres de Parlement.

ENTRE Me Bonnaventure Irland ,
Seigneur de Lavau , Confeiller du Roi
en fes Confeils , Contrôleur Général
de la Maifon de la défunte Reine , Mere
du Roi ; Me Louis Irland , Doyen de
l'Eglife Saint - Hilaire. le grand de la
ville de Poitiers ; Jacques Irland , Ecuyer,
fieur de la Cigogne , fils de défunt René
Irland , vivant , Ecuyer , Confeiller du
Roi au Siége Préfidial de ladite Ville ,
& Claude Irland , Ecuyer , fils de feu
Bonnaventure Irland , Ecuyer , Confeiller du Roi audit Siége de Poitiers ,
qui étoit fils aîné dudit René Irland ,
tous enfans du fecond lit de défunt Ro-

bert Irland, Ecuyer, Docteur ès Droits
& Echevin de la Maison commune de
ladite ville de Poitiers, & de Damoiselle Claire Aubert ; Me Jean Irland,
Conseiller du Roi en ses Conseils,
Lieutenant Général & Criminel de Poitou ; Louis Irland, Ecuyer, Chantre &
Chanoine en l'Eglise dudit Saint-Hilaire,
& Robert Irland, Ecuyer, sieur du Fief
Clairet, enfans du premier lit dudit défunt Robert Irland, Ecuyer, & de Damoiselle Marie Saveteau, demandeurs
à l'entérinement des Lettres Patentes
du Roi obtenues au mois de Septembre
1665, par ledit sieur de Lavau Irland,
& en exécution d'Arrêts de la Cour in-
tervenus ensuite des 31 Décembre audit
an 1665 & 6 Février 1666, & en Requête judiciaire, d'une part ; & le Procureur Général du Roi, défendeur, d'autre :
Vu par la Cour lesdites Lettres Patentes
données à Paris au mois de Septembre
1665, *signées* LOUIS. *Et sur le repli,*
Par le Roi, Le Tellier. Et scellées du

grand Sceau de cire verte, obtenues par
Bonnaventure Irland sieur de Lavau,
par lesquelles & pour les causes y con-
tenues, ledit Seigneur Roi auroit dit,
déclaré & reconnu ledit de Lavau Irland
pour Gentilhomme, issu de la Noble famille des Irland, Seigneurs de Burnben,
& auparavant Barons de Murthlye &
Ecossais ; auroit Sa Majesté avoué &
autorisé en tant que besoin seroit l'ancienneté de leur Noblesse, suivant le
témoignage qu'en a rendu le Roi de la
Grande Bretagne, veut en outre que
ledit de Lavau Irland & autres descendans de Robert, ensemble leurs enfans
nés en loyal mariage, seront tenus, réputés & traités par tous sesdits Sujets,
de quelque qualité & condition qu'ils
soient pour Gentilshommes, issus de ladite famille, & ayant droit d'en porter
le nom & les armes, & comme tels qu'ils
jouissent en tous lieux & actes & assemblées des priviléges, prérogatives, &
titres d'honneurs qui sont attribués &
peuvent appartenir à la qualité de Gen-

homme d'ancienne extraction, ainfi que plus au long le contiennent lefdites Lettres à la Cour adreffantes. Vu auffi les Lettres Patentes de Nobleffe des aïeuls dudit Irland, expédiées par le Roi de la Grande Bretagne. Requête préfentée à la Cour par Jean Irland, Lieutenant Général Criminel de Poitiers ; Louis Irland, Chanoine de Saint - Hilaire de Poitiers; & Robert Irland, Ecuyer, fieur de Fief Clairet, defcendans du premier lit de feu Robert Irland, Louis Irland, Doyen de S. Hilaire de Poitiers ; Irland, Ecuyer, enfans de défunt Bonaventure Irland, Confeiller du Roi, Ecuyer, fieur de la Cigogne, enfans du fecond lit dudit Robert Irland, & Me Bonnaventure Irland fieur de Lavau, Confeiller du Roi en fes Confeils, Contrôleur Général de la Maifon de la Reine, Mere du Roi; à ce qu'il plût à la Cour, entérinant lefdites Lettres de confirmation de Nobleffe octroyées audit de Lavau Irland, ordonner que les Supplians qui font auffi de la famille dudit Robert, & qui ont toujours vécu noblement, jouiroient de la même grace de confirmation de leur Nobleffe, accordée audit de Lavau Irland. Arrêt du 31 Décembre 1666, par lequel la Cour avant faire droit, ordonne que pardevant le Confeiller Rapporteur, en préfence de l'un des Subftituts du Procureur Général du Roi, les Supplians informeroient du contenu & des Lettres, articuleroient plus amplement leurs faits de Généalogie, & en feroient preuve tant par titre que témoins, pour le tout fait, rapporté & communiqué audit Procureur Général, prendre telles autres conclufions que de raifon. Autre Arrêt du 6 Février 1666, rendu entre lefdits Impétrans & ledit Procureur Général, par lequel de fon confentement ladite Cour auroit ordonné que l'Arrêt du dernier Décembre dernier, feroit exécuté pardevant le Lieutenant particulier de Poitiers qu'elle auroit commis à cet effet; ce faifant, que pardevant lui il feroit informé du

contenu auxdites Lettres , & fait de
généalogie de Nobleſſe tant par titres
que témoins , en préſence du Subſtitut
dudit Procureur Général audit Poitiers.
Enquête du 5 Mars 1666 , faite pardevant Me Martin Reveau , Lieutenant
particulier & Affeſſeur civil au Préſidial
de Poitou à Poitiers , de la généalogie
de Nobleſſe deſdits Impétrans ſur les
faits par eux articulés en vertu dudit
Arrêt , ladite Requête judiciaire deſdits
Irland contenue en l'Arrêt du 20 Mai
1666 , à ce que l'enquête faite par ledit
Me Martin Reveau , Lieutenant particulier audit Poitiers , en vertu deſdits
Arrêts des 30 Décembre & 6 Février
1666 , fut reçue pour juger en la maniere
accoutumée , ledit Arrêt dudit jour 20
Mai 1666 , par lequel ladite enquête
auroit été reçue pour juger , joint les
prétendus moyens de nullité & de reproches , & les Parties appointées à
produire, bailler contredits & ſalvations.
Production deſdits Irland, compoſée de
pluſieurs contrats de mariages , de par-

tages noblement faits , & autres pieces concernans la preuve par écrit de la Nobleſſe deſdits Irland , pour ſatisfaire aux Arrêts ci-deſſus énoncés. Forcluſions de fournir par ledit Procureur Général de moyens de nullité & reproches contre ladite Requête , produire & contredire ſuivant ledit Arrêt. Concluſions dudit Procureur Général du Roi : Oui le rapport de Me Pierre Câtinat , Conſeiller en ladite Cour : Et tout conſidéré ladite Cour a ordonné & ordonne que leſdites Lettres ſeront regiſtrées au Greffe d'icelle pour être exécutées , & jouir par les Impétrans de l'effet & contenu en icelles , à la charge de vivre noblement & ne faire aucun acte dérogeant à Nobleſſe. Fait en Parlement le 16 Août 1667.

Collationné DUTILLET.

C'eſt d'après l'acte de dépôt des pieces originales fait pardevant Riviere & Brunet , Notaires Royaux à Poitiers , vidimées & légaliſées par le Juge que l'impreſſion s'en eſt faite. Signé le Comte IRLAND, Chevaux Léger, & Chevalier de Saint-Louis.

GÉNÉALOGIE

DE LA MAISON

DE SAINTE-HERMINE.

A PARIS,

Chez P. G. SIMON, Imprimeur du Parlement,
rue Mignon Saint André-des-Arcs.

M. DCC. LXXX.

GÉNÉALOGIE

DE LA MAISON

DE SAINTE-HERMINE.

ÉTABLIE en Saintonge & en Angou-mois, où elle a possédé les terres du Fa, Tourtron, Saint-Mémes, Pont-Breton, Marsac, la Laigne, Chenon, Mérignac, Coullonges, Saint-Laurent & de la Barriere.

LA Maison de Sainte Hermine n'est pas moins Illustre par son ancienneté que par ses grandes alliances, emplois, qualités & charges; elle est d'ancienne Chevalerie : à ce caractere qui lui assure un rang dans l'ordre de l'ancienne No-

bleffe , elle joint de bonnes alliances
& des fervices. Ce qu'on va rapporter
eft établi par titres originaux , ou par
expéditions faites fur les originaux &
par une collection nombreufe d'Extraits,
qui ont été remis au Cabinet de l'Ordre du Saint - Efprit par Monfieur le
Marquis de Sainte-Hermine, Chevalier,
Commandeur de l'Ordre de S. Lazare,
dont il fera ci-après parlé.

GÉRARD DE SAINTE-HERMINE, l'un
des Seigneurs (proceres) nommé dans
une Charte expédiée en mil quatre-
vingt-dix en faveur de l'Abbaye de Tonnay fur la Charente, au Diocèfe de Sain-
tes-Ramnulfé, Evêque de Saintes, 2.
*Edit. Inftrum. D. 2 p. 4590. Gallia
Chriftiana.*

ON TROUVE ENSUITE.

GUILLAUME DE SAINTE-HERMINE,
nommé dans un acte paffé devant Pierre

le Joumiau , Garde de la Prévôté de
Paracol : favoir faifons que par-devant
nous, vint en jugement en propre perfonne, Noble homme Monfeigneur Hu-
gues de Pompeau, Chevalier paroiffien
de l'Eglife de Balfac, du Diocèfe d'Angoulême ; fi comme il dit & reconnu,
en droit : qu'il avoit vendu à Raimond
Aubert , Clerc d'Angoulême , la tonfure
d'un bois appellé de la Laignes, affis fur
la Charente, entre le bois Arnaud Scu-
raud, d'une part, & *Monfeigneur Guillaume de Sainte-Hermine*, titre qu'on
donnoit alors aux Chevaliers, acte, original paffé fous le fcel du Paracol, l'an
de grace, mil trois cent deux.

AIMERIE DE SAINTE-HERMINE, Chevalier qui rendit aveu en mil trois cent
quarante-deux à Aimard Seigneur d'Archiac, de plufieurs Fiefs qu'il tenoit de
lui dans les Paroiffes de Neuîle, de Huf-
fau, & de Chadenac, original en parchemin & latin.

HÉLIOT DE SAINTE-HERMINE, fervoit en mil trois cent cinquante-six, dans l'Armée que le Roi Jean avoit en Angoumois, à la tête d'une Compagnie formée de quatre autres Ecuyers & d'un Archer; il rendit hommage à Guillaume Evêque d'Angoulême, l'an mil trois cent quatre-vingt-dix-neuf, de fa terre des Gouffiers Malatraits, à caufe d'Ifabelle de Dompt fa femme, héritiere de Pétronille de Gouffier; il donna auffi quittance à Jean Chauvel, Tréforier des guerres du Roi notre Sire, de fes gages de lui, & quatre autres Ecuyers & d'un Archer, fous le Gouvernement de Noble homme, Meffire Guillaume, Seigneur de Montleçun, Chevalier, Capitaine & Sénéchal d'Angoulême, la fomme de quarante-cinq livres cinq fols tournois, eux comptés pour droit 4 livres 5 fols, de laquelle fomme je me tiens bien payé. Donné à Angoulême, fous mon fcel, le vingt-deuxieme jour de Janvier, l'an mil trois cent cinquante-fix, fcellé en cire rouge, du fceau ci-deffous deſſous repréſenté 2. 4. 3, des ſceaux, fol. 3189.

ARNAUD DE SAINTE-HERMIŃE, Ecuyer, qui étoit, en mil trois cent cinquante-quatre , Capitaine , c'eſt-à-dire Commis à la Garde de Chateauneuf en Angoumois , avec une Compagnie de quatre autres Ecuyers & d'un Archer; il donna quittance de ſes gages en cette qualité, à Barthélemi du Drach, Tréſorier des guerres du Roi notre Sire , juſqu'au premier Juillet mil trois cent cinquante-quatre , ſous le Gouvernement de Noble homme, Mons Guillaume de Néelle, Sire de Souchi, Capitaine d'Angoumois, la ſomme huit vingt-dix livres huit ſols tournois, monnoye courante, donné ſous mon ſcel, le onzieme jour de Juillet, l'an mil trois cent cinquante-quatre. en cire rouge, du ſceau ci-deſſous figuré 2. 59, des ſceaux, fol. 4525, qui repréſente un ſemé d'hermines & ſix merlettes poſées 3. 2. & une.

Et Jean de Sainte-Hermine, qui ſer-

D

voit en Languedoc en mil trois cent cinquante-huit, comme Ecuyer de la Compagnie d'Aimery, bâtard de la Rochefoucault.

Tout concourt à établir la filiation, depuis Arnaud de Sainte-Hermine, Ecuyer, Capitaine de Châteauneuf, rappellé ci-deſſus : il épouſa vers l'an mil trois cent trente-cinq, Iſabelle de Leutard, fille de Seguin de Leutard, Chevalier, & en eut :

GUILLAUME DE SAINTE-HERMINE, Valet, titre équivalent à celui d'Ecuyer, Seigneur de Tourtron & de Pont-Breton, qui rendit aveu en mil quatre cent un, à Louis, Duc d'Orléans, Comte d'Angoulême, du Fief de Tourtron, mouvant de la Châtellenie de Châteauneuf, en fit hommage en mil quatre cent onze, à Jean, Comte d'Angoulême, tiré de la Chambre des Comptes à Paris, ſous la cote quatre cent quinze. Autre aveu rendu par Guillaume, à Aimard Odart, Seigneur de Lignieres de ſon ébergement & hôtel en Boutteville, à cauſe

d'Isabelle Duffolier, Demoiselle sa femme, fille de Pierre & de Jeanne Dumas,
du premier Août mil quatre cent un,
cote six cent deux ; il eut d'Isabeau Duffolier, Dame de la Frécelliere, aujour-
d'hui la Filliére, héritiere de la terre de
Saint-Même en Angoumois, comme il
est prouvé par l'enquête dont on joint
ici l'extrait ; qu'Isabeau Duffollier, Demoiselle femme autorisée de Guillaume
de Sainte-Hermine, Ecuyer, a établi
devant Guy, Prévôt de Cognac, pour
très-haut & très-puissant Prince, Monseigneur d'Orléans, Comte d'Angoulême, donné en l'assise de ladite Prévôté
sous ledit scel, le Samedi vingt-huitieme
jour du mois de Février l'an mil trois
cent quatre-vingt-dix-neuf, qui reçoit
le serment d'Hélie de Montozier, valet
de l'âge de quatre-vingt-quinze ans ou
environ, témoins produits, reçus jurés
enquis diligemment sur les branches ou
dégrés du lignage susdit, dit & déposé
par serment qu'il fut nourri petit en-

fant, en l'Hôtel de Monseigneur Joffre
de Baret, qui étoit Seigneur de Saint-
Même, & plus dit, qu'il vit Monseigneur
Itier de Baret, qui fut fils de Monseigneur Joffre de Baret, & de Dame Philippe de Brilhac; & plus dit qu'il vit
Monseigneur Itier de Baret, qui fut fils
de Monseigneur Joffre, & plus dit qu'il
y vit deux sœurs dudit Monseigneur
Itier, l'une s'appelloit Marguerite &
l'autre Jeanne de Baret; Marguerite fut
mariée à un Ecuyer, appellé Guillaume
d'Allemagne, qui eut une fille appellée
Philippe d'Allemagne, & que Jeanne
fut mariée à un Chevalier, nommé Monseigneur Guillaume Vigier de Boutteville, qui eut une fille Marguerite Vigier, qui fut mariée à Itier Dumas, qui
eut Julianne Dumas, qui fut femme de
Pierre Dussolier, d'où est sortie Isabeau
Dussolier, femme de Guillaume de
Sainte-Hermine; de ce mariage, vint
Jean, premier du nom, qui suit & Joide,
mariée en mil trois cent quatre-vingt-
trois à Graciot de la Pierre, Ecuyer, &

pour mieux connoître l'attention que les anciens Seigneurs de Sainte-Hermine avoient de s'allier dans des familles Nobles; pour conserver leur Noblesse, il faut remarquer que Guillaume de Sainte-Hermine dont on vient de parler dans le contrat de mariage de Joide de Sainte-Hermine avec Graciot de la Pierre, fils de Jean de la Pierre, met expressément cette clause, réservant à notre droit héritier mâle, la principale demeure & la cinquieme partie de tous nos biens, suivant la coutume du pays, qui depuis long-temps est en usage entre les personnes Nobles, *secundum consuetudinem quæ est assueta inter nobiles :* il donne à ladite Joide pour son partage dans les biens de ses pere & mere, la Terre de la Frécelliere, assise audit Diocèse d'Angoulême, laquelle Terre lui appartenoit à cause d'Isabelle Dussolier sa femme, & il lui donne aussi en faveur dudit mariage, la somme de quatre-vingt livres une fois payée, & une rente de vingt livres, que Seguin Leutard, Chevalier, avoit promis à Dame Isabelle sa mere, lors de son mariage avec Arnaud de Sainte-Hermine son pere, & qui étoit due par Seguin Leutard, valet, comme héritier dudit feu Seguin Leutard; ce contrat passé en présence de Bertrand Ymond, valet, devant Bernard Pichellii, Prêtre dans la Jurisdiction de l'Archidiacre de Saintes, & collationné par Vallengellier, le Samedi dix-huitieme de Mai, l'an mil quatre cent cinquanteneuf, original en parchemin, une expédition d'un acte de vente faite par ledit Guillaume & Jean de Sainte-Hermine son fils, à Elie Bertrand, Prévôt, Moine, d'un Fief appellé Bordeville, en la Paroisse de Saint-Cibardeaux en Angoumois, Châtellenie de Montignac, lequel Fief ils avouent tenir de Seguin Leutard, en date du quinze Juillet mil quatre cent dix-sept.

JEAN DE SAINTE-HERMINE, premier du nom, valet, qui naquit après le mariage de sa sœur, servoit en mil quatre cent dix-huit, en qualité d'Ecuyer, dans la Compagnie de Pierre Bouquet, vendit en mil quatre cent vingt-neuf à Aymard, Seigneur d'Archiac, les biens qu'il avoit dans les Paroisses de Neustes, de Neuillac & de Husseau, qui étoient en mil trois cent quarante-deux en la possession d'Aymeri de Sainte-Hermine, comme il a été remarqué ci-devant : il en avoit rendu son dénombrement au même Seigneur d'Archiac, en mil quatre cent ; il mourut jeune, ayant épousé Marguerite de la Duch, qui se remaria à Galeas de Pluviers, Chevalier ; elle est qualifiée dans différens actes de la Noble Dame du Fa, & d'Usson. 1°. Elle rendit aveu de son mesnement & dépendance de la Liége en la Paroisse de Monac, à l'Abbé de la Couronne, le dix Mai mil quatre cent trente-cinq, signé Jean Bompart. 2°. Elle rendit son dénombrement en mil quatre cent quarante-cinq, de sa terre de Marsac, au devoir d'un fer de lance doré, au Comte d'Angoulême, qualifiée de Demoiselle, de veuve de Messire Pierre Galeas de Pluviers, Chevalier, de seule & unique héritiere de Gaillard de la Duch, Seigneur de Chadenac, dont on va parler. 3°. Autre aveu rendu par ladite Marguerite, au Seigneur de la Sirerie de Pons en Saint-Onge, pour sa terre d'Usson, au devoir d'un chapel de rose, l'un du dix-neuf Mai mil quatre cent trente, & le second du quatorze Novembre mil quatre cent trente-sept. 4°. Aveu rendu par Jean Bertrand, Ecuyer, à Marguerite de la Duch, Dame du Fa & de Chadenac, pour les fiefs & moulins de la Vergne, le fief de la Sabliere, & autres Fiefs, original en latin, de mil quatre cent cinquante-un, trouvé au Château d'Usson; Hélie du Fa, Chevalier, Seigneur dudit lieu; Marguerite Vigier sa femme; Louise du Fa leur fille, avec Gaillard de la Duch Damoiseau, dont on a ci-dessus parlé, futur époux de ladite Louise, vendirent à Raymond de Pontvieux, Procureur de l'Abbé, & Couvent de Notre-Dame de la Couronne, Religieux de l'Ordre de Saint Augustin ; les choses qui s'ensuivent, & généralement tout ce qui appartient à Hélie du Fa (miles) dans la terre de la Rochandri, pour le prix de quatre-vingt franc d'or, du coin du Roi de France ; ensuite est la ratification des femmes & filles & gendres dudit Hélie du Fa ; est encore l'acte d'amortissement que fait Guillaume, Evêque d'Angoulême, des susdites choses vendues audit Couvent de la Couronne, original en parchemin & latin, du dix-huit Août, en l'année mil trois cent quatre-vingt-un, trouvé au trésor de Blanzac en Angoumois ; l'on rapporte aussi les aveux & dénombremens rendus par Gaillard de la Duch, Ecuyer, des terres qui sont passées à ladite Marguerite sa fille, & aux Seigneurs de Sainte-Hermine successivement. 1°. Celui de sa terre d'Usson &

fiefs en dépendans, à la Sirerie de Pons, en treize cent quatre-vingt-douze. 2°. Celui de la Prévôté de Marsac, Paroisse de Sainte-Leurinne, Châtellenie d'Archiac, au devoir d'un fer de lance doré, à Monsieur le Comte d'Angoulême, le treize Octobre mil trois cent quatre-vingt-dix-sept. 3°. Enfin la vente qu'il fit le onzieme jour du mois de Juin mil quatre cent quatorze, à Jacques Poussard, Seigneur de Paire, de la Forteresse & Tour de Chadenac, avec toutes ses appartenances & dépendances, pour le prix & somme de deux cens écus d'or, ensuite est la reconnoissance de Regnault, Seigneur de Pons, des lots & ventes que lui a payé ledit sieur Poussard. La maison de la Duch est connue depuis l'an douze cent quatre-vingt-dix, en ce que Gaillard de la Duch, Evêque d'Olleron, est nommé parmi les grands Seigneurs du Bearn & fut établi avec eux Exécuteur du Testament de Gaston, Vicomte Souverain de cette Princi-

pauté, Marguerite de la Duch & Jean
de Sainte-Hermine eurent donc pour fils
Jean qui fuit :

JEAN DE SAINTE-HERMINE, deux du
nom, Ecuyer, Seigneur du Fa, Tourtron, Pont-Breton, Saint-Mêmes, Marfac, Uffon, donna à Monfieur le Comte
d'Angoulême les dénombremens de la
terre de Tourtron en mil quatre cent
quarante-cinq ; celui de Saint-Mêmes,
en mil quatre cent cinquante-huit ; celui
de Pont-Breton relevant du Château de
Lignieres en mil quatre cent quarante-
huit, paffé le vingt-deuxieme jour d'Octobre, à Saint-Jean d'Angely, *figné* Rouf-
feau, vuidé au degré de Guillaume les
mêmes objets ; accenfement fait par Noble homme Jean de Sainte-Hermine, fils
& Procureur fuffifamment fondé par lettres de procuration, de laquelle la te-
neur eft ci-deffous incorporée de Nobles
femmes Marguerite de la Duch, Dame
du Fa & Duffon, veuve de Meffire Galeas de Pluviers, Chevalier ; fa mere,

d'une part ; & Guillaume Bos Alias Mauphin, demeurant au village de Greroux, en la Paroiſſe de Perignac, en la Châtellenie de Pont, d'autre part ; lequel dit Jean de Sainte-Hermine, en nom comme Procureur de ladite Dame ſa mere, conſidérant le profit utile & augmentation des Terres, Seigneuries & Domaines de ladite Dame ſa mere ; ſavoir, quatre Boiſſeaux de Froment, meſure dudit lieu de Pont, payables à l'Hôtel de ladite Dame du lieu d'Uſſon, le jour & Fête de Saint-Vincent, original en parchemin, devant Allain de Bois-Briand, Prêtre, Notaire-Juré & Garde du ſcel établi aux contrats d'Angoulême, témoins requis, à ce appellé Maître Jean Geoffre, Prêtre, Jean-François Alias du Fa, Vernan Gautier, tous demeurans audit lieu de Perignac, le vingtieme jour de Février, l'an mil quatre cent cinquante-un, trouvé au tréſor d'Uſſon.

S'enſuit la procuration à tous ceux,

&c. ELIE GAULT, Licentié ès-Loix, Garde du scel établi aux contrats d'Angoulême, pardevant le Notaire Juré & témoins ci-bas nommés personnellement établis; Noble femme Marguerite de la Duch, Dame du Fa, veuve de feu Messire Galeas de Pluviers, Chevalier, laquelle a fait constituer & établir son Procureur Général & message spécial Noble homme Jean de Sainte-Hermine, son fils, *héritier* en toute & chacune ses causes, &c. Original en parchemin, passé audit lieu du Fa, présens témoins à ce requis, appellés Jean de Genac, Jeannot Ithier & Jean Baraille, Laboureur, le cinquieme jour d'Avril l'an mil quatre cent cinquante-un, *signé* René Catris, *signé* pour copie, extrait de l'original de Chasseuil, collation faite à l'original trouvé au trésor du Château d'Usson, chez *Monsieur Arbouin*. Dénombrement rendu de la terre & seigneurie du Fa, le quatre Juin mil quatre cent soixante-sept, à Ramnulphe,

Evêque d'Angoulême, avec une infinité
d'autres titres qui feroient trop long de
rapporter ici fur les terres du Fâ, Saint-
Mêmes, Tourtron, Pont-Breton & Marfac; l'on va feulement rapporter encore
l'extrait de fon contrat de mariage, &
la procuration de fa mere, en confé-
quence paffé devant Guillaume Réal,
Archidiacre de Saintonge ; a été dit que
du mariage de Jean de Sainte-Hermine
& de Marguerite Goumard, Demoifelle, fille de Bertrand Goumard, Ecuyer,
Seigneur d'Echillais, & d'Anne Bonnelle
fa femme, que lefdits Bertrand, Goumard & Anne fa femme feroient tenus
de donner à leurdite fille, la fomme
de quarante livres, affife & affignée en
la terre & feigneurie de Tonnay Charente, & fur la Terre qui jadis fut à
Dame Marguerite d'Archiac, à prendre
y cettedite fomme de quarante livres
fur ladite Terre, après les décès de Meffire Ithier Bonneau, ou Bonnelle, Chevalier par le temps qu'il vivoit, & en

outre fut parlé qu'en faveur dudit mariage, lefdits conjoints étoient tenus donner auxdits conjoints, à être pour lors la fomme de cent reaux d'or payés en deux termes, ce fut fait & donné préfens garens à ce appellés & requis Noble homme Jean Goumard, François Goumard, Colas la Perfonne, Frere Aimerie Acharie, Religieux, Ordre de Saint-Benoît, & Prieur de Pérignac, & Regnault Viguer, le vingt-cinquieme jour du mois d'Octobre, l'an mil quatre cent trente-cinq.

S'enfuit la procuration donnée par Noble Dame Marguerite de la Duch, Dame du Fa, de la Vergne, veuve de Jean de Sainte-Hermine, Ecuyer, laquelle a fait créer, conftituer, ordonner, & établir fes Procureurs Généraux & Meffageurs fpéciaux; c'eft à favoir, fon très-cher & amé fils Jean de Sainte-Hermine, Bernard de la Pierre, porteurs & exhibiteurs de ces préfentes Lettres, & chacun d'eux d'obliger & hypothéquer tous fes biens pour fûreté du douaire de Marguerite de Goumard fa bru, fpécialement fa terre du Fa; cet acte paffé préfens témoins à ce appellés & requis Jehannin, François & Pierre de Campredon, Maffon, le vingt-troifieme jour du mois d'Octobre, l'an mil quatre cent trente-cinq, *figné* Guillaume Guibert, Notaire, fous les fcellés de Pons, & fcellé du fcel fufdit Jeart, laiffant de Marguerite Goumard, entre autres enfans, 1°. Hélie ou Héliot, qui fuit. 2°. Hermiffe de Sainte-Hermine, qui contracta mariage en mil quatre cent foixante-dix-neuf, avec Noble homme Joachim Grant, Ecuyer, rapporté dans un Procès en mil quatre cent quatre-vingt-onze, que ledit Grant avoit avec le Seigneur d'Archiac, pour des droits qu'il prétendoit à Marfac, laquelle Terre fut donnée en dot par Jean de Sainte-Hermine, à ladite Noble Demoifelle Hémife, femme dudit Grant, ces écritures contiennent encore plufieurs titres

fur

Gaillard de la Duch , Margüerite fa fille, fon unique héritiere ; & Hélie , qui fuit fon arriere petit-fils. 3°. Marthe , femme de Jean de Ferrieres, Ecuyer, Seigneur de Sauvebœuf en Limoufin ; le fief de Pont-Breton lui fut donné en dot , fuivant la tranfaction du vingt-quatrieme Mars mil quatre cent foixante-dix-neuf, paffé entre Hélie , Chevalier , & Jean de Fer-rieres , Ecuyer , Marthe Demoifelle fa fœur & en faveur dudit mariage , ledit Chevalier pour tous les droits légiti-maires qui pouvoient lui appartenir de fes pere & mere ; il lui cede plufieurs articles de rentes qu'il a dans Pont-Breton , l'Hôtel Noble avec la Forêt & le Maine de l'Ifle , vingt-deux livres dix fols Tournois de rente , fur différens par-ticuliers de Nerfac & Roullet , &c. Tef-tament dudit Jean & Marthe , en faveur d'Hélie de Ferrieres , Chevalier , leur fils aîné , paffé au Château de Sauve-bœuf en mil cinq cent trois. Monfieur le Marquis de Mirabau a ce titre.

E

4°. Jeanne-Françoife de Sainte-Hermine, cette derniere mariée à Noble perfonne Jean de Rabainnes, Ecuyer, qui tranfigea fur procès en forme de partage entre Hélie, Jeanne & Françoife Demoifelle fa femme, dont on rapportera l'extrait fur le degré qui fuit. Jean mourut long-temps après, mil quatre cent foixante-fept.

La famille de Goumard qui a fait plufieurs branches & qui a poffédé plufieurs terres en Saint-Onges, eft alliée aux Maifons de la Rochefoucault d'Archiac, d'Aubterre, de Rochechouart, de Beaumont & de Pouffard.

Hélie, premier du nom de Sainte-Hermine, Chevalier, Seigneur du Fa, Marfac, Tourtron, Pont-Breton, Saint-Mêmes, rendit aveu de ce dernier lieu, à Madame la Comteffe d'Angoulême, en mil quatre cent foixante-dix; hommage rendu par Gallant Driet, Ecuyer, Seigneur de Saint-Simon, de fon fief d'Herbaut, relevant de Marfac, à Meffire Hélie de Sainte-Hermine, Chevalier, qualifié de haut & puiſſant Seigneur du Fa & de Marſac (*à nobili & potenti viro domino meo*) paſſé au lieu de Châteauneuf, le trois Septembre mil quatre cent quatre-vingt trois ; aveu rendu au même Chevalier, par Jeannot Peyrier, Ecuyer, Seigneur de Lamotte, de ſon fief relevant de la Prévôté de Marſac, comme repréſentant Gaillard de la Duch, paſſé au lieu de Saint-Mêmes, le vingt-ſept Avril mil quatre cent quatre-vingt-un, original en parchemin.

Réception d'hommages donné par Hélie de Sainte-Hermine, Chevalier, à Jean Duchêne, Ecuyer, Seigneur de Rommefort, le ſeptieme Septembre mil quatre cent ſoixante-ſeize. *ſigné* de Sainte-Hermine : Obit fait par ledit Hélie, aux Religieux Auguſtins de Saint-Savignien en Saintonge, pour le repos de l'ame de Claire de Sainte-Hermine ſon fils ; tranſaction paſſée entre Hélie & les Corlieux, où il appert que le

Seigneur du Fa a cédé ſes droits dans
Hierſac Champmillon , Saint-Saturnin ,
moyennant un hommage pour la Filliere,
appellé au degré de Guillaume , comme
on l'a remarqué ci-deſſus la Fréceliere ,
en mil cinq cent ſix. *Signé* de la Pelle-
trie. Hélie revendit auſſi à Guillaume II
de la Rochefoucault , la moitié de la
terre du Parc d'Archiac qui lui étoit
échue de la ſucceſſion de Blanche d'Archiac , leur aïeule maternelle. Mélan-
ges , *v. 181 , f. 346.*

Tranſaction paſſée par ledit Hélie ,
avec frere Hélie Fayart , Procureur,
Religieux de l'Abbaye de la Couronne,
Ordre de Saint-Auguſtin pour le maiſ-
nement , moulins , terre au lieu de la
Liége , paroiſſe de Monac , le dernier
Mai mil quatre cent ſoixante - onze.
Signé Dupuy , original en parchemin au
Tréſor de l'Abbaye de la Couronne en
Angoumois.

Aveu de la terre de Saint-Même au
Comte d'Angoulême , cote 400 , de la

Chambre des Comptes à Paris , par Pierre Dehalles , Ecuyer , pour lui & Hélie de Sainte-Hermine ſa femme , du deux Septembre mil quatre cent quatre-vingt-dix-ſept , époque qu'eſt ſortie de la Maiſon de Sainte-Hermine ; la terre de Saint-Même , qui eſt paſſée par l'alliance d'une Dehalles avec les anciens Seigneurs de la Rochebeaucourt ; enfin la tranſaction ſur partage entre Meſſire Hélie de Sainte-Hermine , Chevalier , Seigneur du Fa ; Françoiſe de Sainte-Hermine & Jeanne Demoiſelles ſes ſœurs , & noble perſonne Jean de Rabaines , Ecuyer , comme mari de Françoiſe de Sainte-Hermine , où il eſt ſtipulé que , pour leurs droits & parts des ſucceſſions de feu Jean de Sainte-Hermine , & Marguerite Goumard leur pere & mere , en leur vivant , Seigneur & Dame du Fa , que ledit Chevalier , comme de raiſon , réſervé à lui ſon droit d'aîneſſe , tel que gens nobles appartient , & que la Coutume du Pays le portoit , par l'avis , confeil de plufieurs gens notables , leurs parens & amis communs , ledìt Meffire Hélie de Sainte-Hermine , Chevalier , Seigneur fufdit d'une part , & ledit Jean de Rabainnes , tant pour lui que comme Procureur fondé defdites Françoife , fa femme , & Jeanne de Sainte-Hermine , fa fœur , abfentes , ledit Chevalier leur a baillé , livré , cédé , quitté , remis , délaiffé ; favoir , toute la terre & revenu tant de cens , rentes , fruits , revenus , droits Seigneuriaux , hommages agrièrs , &c. La Terre & Seigneurie d'Uffon en la Châtellenie de Pons , le Fief appellé le Fief d'Archiac , fitué , affife ès Ville & Châtellenie de Pons & de Tonnay Charente , & généralement tout ce que ledit de Sainte-Hermine & fes feu pere & mere & autres fes prédéceffeurs Seigneurs du Fa , ont accoutumé , par ci-devant : jouir lefdites Françoife & Jeanne de Sainte-Hermine , feront tenues d'ac-

quitter à Jean Goumard, Seigneur d'E-
chillays, à la décharge dudit Chevalier
& des fiens, la fomme de deux cens
écus d'or, laquelle fomme avoit été af-
fectée, hypothéquée au dit Goumard,
ladite terre, fief & revenu de Tonnay
Charante. *Item*, plus a été dit & accordé
entre lefdites Parties, qu'en tant que
tous certains procès touchant la Terre
& Seigneurie du Fa, qui eft pendant &
indécis, entre ledit Chevalier & Meffire
Mathurin de la Touche, auffi Chevalier
& Dame Périete de Montendre fa femme,
à caufe d'elle, lefquels prétendent droit
en ladite Terre & Seigneurie du Fa,
lefdites Françoife & Jeanne de Sainte-
Hermine, Damoifelles fes fœurs, feront
tenus de les défintéreffer en cas qu'il
fuccombe ; ce fut fait & paffé en ladite
Ville de Pons, en la préfence defdits
Notaires & témoins requis, honoré
homme, André Cottard & Colas Vau-
gard, Marchands, demeurant en la
Ville de Pons, le feptieme de Novembre,

E iv

l'an mil quatre cent quatre-vingt trois, original en parchemin. *Signé* Mahé, trouvé au Château d'Uſſon, chez M. Arbouin (1), ledit Hélie mort en mil cinq cent treize, & fut pere de Claude.

CLAUDE DE SAINTE - HERMINE, Ecuyer, Seigneur du Fa, de Tourtron, Saint-Simeux, mourut avant l'année mil cinq cent huit, laiſſant de Cécile Joubert, Damoiſelle Dame de la Vergne & de Saint-Simeux ; Joachim qui ſuit.

JACQUES DE RABAINNES , Ecuyer , Seigneur d'Uſſon, fait ceſſion à Claude de Sainte-Hermine en mil cinq cent deux, des deux cinquiemes du fief de Marſac, paroiſſe Sainte-Lurine près Archiac, moyennant la ſomme de quatre cens liv. de ſort principal, & ſept livres dix ſols

---

(1) La Maiſon de Rabainnes eſt noble & ancienne, alliée à celle de Laferté Senneĉtere ; Jeanne de Senneĉtere, fille de Paul, Seigneur d'Uſſon & de la Tour de Brillac & de Eſthuer de Cauſſade, épouſa Charles de Senneĉtere , Comte de Saint - Victor , cadet du Maréchal de la Ferté.

pour les loyaux - coûts payés au sieur d'Archiac, duquel il avoit retrait lesdits deux cinquiemes, à la charge par ledit de Rabainnes de remettre dans huit jours au sieur de Sainte-Hermine, tous les titres & papiers qu'il a eu dudit sieur d'Archiac, touchant l'acquisition qu'il avoit ci-devant faite du Seigneur du Fa, son pere ; original en parchemin. Un appointement du vingt-un Février mil cinq cent trente, entre Cécile Joubert, Damoiselle veuve de Claude, Seigneur du Fa, qualifiée de Dame de Tourtron & de Saint-Simeux ; ce titre est au trésor de Tourtron, avec une infinité d'autres sur les premiers degrés de filiation.

Jean & Jacques de la Rabainne, pere & fils, & Jeanne de Sainte-Hermine, vendirent les deux cinquiemes du fief de Marsac qu'ils avoient eu après le décès de Joachim, Grand Ecuyer, comme en ayant eu l'usufruit après la mort d'Hémisse de Sainte-Hermine sa femme, dont on a parlé ci-devant, suivant la quittance en mil cinq cent quatre ; original en parchemin.

La famille de Joubert eſt alliée à celle d'Aubuſſon, de Chabot, de Noailles & de Seaulx - Tavanne ; Annet Joubert, Seigneur de Cuniac, épouſa Françoiſe d'Aubuſſon vers l'an mil cinq cent quarante-cinq ; Françoiſe Joubert épouſa Charles Chabot, Seigneur de Saint-Froix ; Guy Joubert d'Allemand, Seigneur de Montardy, épouſa en mil cinq cinq cent trente-un Françoiſe de Noailles, fille de Louis de Noailles, Seigneur de Montelare, &c. Antoine Joubert, Seigneur de Berault, Comte de Blagnac, a épouſé Claudine de Seaulx, fille de Jean de Seaulx, Vicomte de Lugny, fils puîné du Maréchal de Tavanne, de Claude de Sainte-Hermine, & de Cécile Joubert, eſt iſſu Joachim qui ſuit.

JOACHIM DE SAINTE-HERMINE, premier du nom, Chevalier, Seigneur du Fa, qualifié de Haut & Puiſſant, l'un des cent Gentilshommes de la Maiſon du Roi François Ier épousa en mil cinq cent vingt-sept Anne Guibert, fille de Jean, Juge des Traites de Saintonges & de la Rochelle, & de Jacquette Foreau, Dame de la Laigne & de Champdenier; de cette alliance vint :

JEAN DE SAINTE-HERMINE, trois du du nom, Chevalier, Seigneur du Fa & de la Laigne, qui fit ses premieres armes dans la Compagnie d'ordonnance de M. de Bury, étoit en mil cinq cent soixante-huit Gouverneur & Lieutenant Général pour le Roi, en l'absence de M. le Prince de Condé dans les Provinces de Poitou, de Saintonge & d'Aunis. Il épousa en mil cinq cent soixante Lucresse de Luzignan, fille de Jean, Seigneur de Luzignan en Agénois, & en eut Joachim qui suit.

Aliénation des Terres & Seigneuries d'Hiersac, Moulle & village de l'Habite, dépendans de l'Abbaye de la Couronne, & Maison de la Maître Ecole d'Angoulême, par la Reine de Navarre & les

Princes de Navarre & de Condé , à Meffire Jean de Sainte-Hermine, Chevalier, Seigneur du Fa en mil cinq cent foixante - dix , original en parchemin. *Signé* Arnaud. La Maifon de Lufignan eft affez connue pour n'en pas dire davantage.

Joachim de Sainte-Hermine , deux du nom , Chevalier, Seigneur du Fa & de la Laigne , qui fuivit d'abord le parti des Religionnaires commandés par M. le Prince de Condé ; mais il rentra depuis dans fon devoir. Il étoit en mil cinq cent quatre-vingt-feize Gentilhomme ordinaire de la Chambre du Roi Henri IV, & mourut avant le neuf de Septembre de l'année fuivante , laiffant de Barbe Goumard , fille de Charles, Chevalier, Seigneur d'Ardilliere & d'Ardouine de Barbezieres entr'autres enfans , Helie qui fuit , Pierre , David , Léonord , & Hardouine de Sainte-Hermine , mariée en mil fix cent-quinze à Ifaac de Royere, Chevalier , Seigneur dudit lieu en Limousin, d'où descend M. de Royere, aujourd'hui Evêque de Castres : David fut marié en mil six cent dix-huit avec Marie Rolland, dont il eut quatre enfans; une, nommée Françoise, se maria en mil six cent quarante-cinq à Isaac de Livennes, Chevalier, Seigneur de Merignac. Cette branche de Goumard est alliée aux Maisons de Lezé Luzignem, de Marans, de Barbezieres, Chemerault, de la Messeliere ; Charles Goumard, Seigneur de Goumond, épousa en mil six cent quinze Jeanne de Lezé Luzignem; François Goumard, Seigneur de Mezieres, épousa en mil cinq cent vingt Renée de Marans, & Antoinette Goumard sa fille, épousa François Frottier, Seigneur de la Messeliere, Chevalier des Ordres du Roi, Gouverneur de Brouage ; Charles Goumard, Seigneur d'Ardillieres, pere de Barbe, épousa Ardouinne de Barbezieres, de la Maison de Chemerault, alliée à celles de Vivonne, de Mesme, Comte d'Avaux de la Bazimiere.

HELIE DE SAINTE-HERMINE, deux du nom, Chevalier, Seigneur du Fa & de la Laigne, qui époufa en mil fix cent fept Ifabeau de Polignac, fille de François, Chevalier, Seigneur de Fontaines, & en eut deux fils ; favoir 1°. Joachim, trois qui fuit : 2°. Helie, Seigneur de la Laigne, auteur d'une branche rapportée ci-après. La Maifon de Polignac qui a poffédé différentes terres en Xaintonge, eft connue & alliée aux plus grandes Maifons du Royaume : cinq filles de cette Maifon ont époufé ; l'une, un Grêen, Baron de Chattellaillon, Grand Sénéchal d'Aunis ; la feconde, un Chefnel, à qui elle porta la Terre Defcoyeux ; la troifieme, un Lefcourt, à qui elle porta la Terre de Parenfey ; la quatrieme époufa un Guibert de Lande, à qui elle porta la Terre de Lande ; & la cinquieme qui fuit, Joachim de Sainte-Hermine, à qui elle porta la Terre de Saint-Laurent ; ces cinq Dames plaiderent long-temps avec le Seigneur de

Jonsac, & transigerent enfin pour une succession qui leur étoit échue d'une tante, conjointement avec le Seigneur de Jonsac qui en descendoit.

Joachim de Sainte-Hermine, trois du nom, Colonel d'Infanterie, Chevalier, Seigneur du Fa & de Saint-Laurent, s'allia en mil six cent trente-cinq avec Anne de Polignac, de la même Maison que sa mere, fille de Louis, Baron d'Argence : de cette alliance vinrent 1°. Helie qui suit : 2°. Louis : 3°. César : 4°. Leon, mort Capitaine au Régiment de la Reine : 5°. Isaac, mort Capitaine au Régiment de Navarre : 6°. Alexandre, Chevalier, Seigneur de la Barriere, mort garçon : 7°. Diane de Sainte-Hermine, femme de François Lemouzin, Chevalier, Seigneur de la Michelliere en Saintonge; il y a postérité : 8°. Marie, mariée à Michel Frettart, Chevalier, Seigneur du Chattenet; il y a postérité : 9°. Anne, femme de Charles Vigier, Chevalier, Seigneur de Maffac en Saintonge : 10°. Suzanne, morte fille en mil fept cent vingt, qui auroit fait fon teftament en faveur de Suzanne Vigier fa niéce, femme de Geoffroi de Blois, Chevalier, Seigneur de Rouffillon en Xaintonge; il y a poftérité.

HELIE DE SAINTE-HERMINE, trois du nom, Chevalier, Seigneur du Fa, appellé Sainte-Hermine, qui de Suzanne Guibert, fa coufine germaine, fille de Henri, Chevalier, Seigneur de Lande, eut entr'autres enfans, trois fils & plufieurs filles ; favoir, Helie François, Marquis de Sainte-Hermine, Seigneur du Fa, Chef d'Efcadres des armées navales, & Commandant au département de Rochefort en mil fept cent trente-fept : 2°. Alexis, mort Enfeigne de Vaiffeau en mil fept cent trente-trois : 3°. François de Saint-Hermine, Seigneur du Fa, mort Capitaine de Vaiffeau en mil fept cent quarante-huit, & Suzanne, mariée 1°. à Pierre

de

de Briand, Chevalier, Seigneur de Boiſſe,
Gouverneur de la Citadelle de Stras-
bourg, Brigadier des armées du Roi :
2°. A Philippe de Gallard de Bearn,
Comte de Gallard, Colonel d'Infanterie. Le contrat ſigné du Roi & de la
Famille Royale, de Meſdames la Ducheſſe d'Uzès, les Marquiſes d'Antin,
de Barbezieux, de Madelaine le Valois,
veuve de M. de Sainte-Hermine de la
Laigne, de Madame la Comteſſe de
Mailli, tante de Madame la Ducheſſe
d'Elbœuf de Rottelin, de Paraber, de
M. de Pardaillan, de Madame la Ducheſſe de Noailles, de M. le Comte
de Polignac, tous parens & amis de
ladite Suzanne de Sainte-Hermine. C'eſt
après la mort du Comte de Gallard, que
Suzanne de Gallard de Bearn ſa ſœur,
femme de François Paſquet, Chevalier,
Seigneur de Bruſſi, qu'elle vendit au
ſieur Claude Tremeau, Conſeiller au
Préſidial d'Angoulême, la Terre du Fa
Sainte-Hermine, ſur lequel Pierre-Louis

F

de Sainte-Hermine, Aumônier ordinaire de la Reine, dont il est ci-après-parlé, Madelaine-Genevieve de Sainte-Hermine, Marquise d'Alegre, formerent leur retrait; & par Arrêt du Parlement de Paris, furent envoyées en possession le vingt Janvier mil sept cent soixantequatre.

CÉSAR DE SAINTE-HERMINE, Chevalier, Seigneur de Saint-Laurent, & de la Barriere, troisieme fils de Joachim III, & d'Anne de Polignac, étoit cousin germain de feue Madame la Comtesse de Mailli, dont il est ci-après parlé. Il épousa en mil six cent quatre-vingt-sept Marie le Grand, fille de Louis, Chevalier, Seigneur Desgallois, d'une famille noble, & alliée aux principales Maisons du Poitou, lequel Louis étoit fils de Henry-le-Grand, Chevalier, Seigneur de Courpeteault, & de Jacquette Aymer Demoiselle, ledit Henry, fils de Charles-le-Grand, Chevalier, Seigneur des Gallois & de Courpeteault, commandant en mil six cent une Compagnie de gens à pied pour le Roi, en la ville de Saint-Jean d'Angely. Il épousa dans la même année Esther Chataignier de la Rochepolay, fille de Pierre. La famille des le Grand, dont MM. du Bois, Chevaliers, Seigneurs de Saint-Mandé & de Courpeteault, ont épousé l'héritiere; possédoit sous François Ier les premieres places dont elle étoit considérée. De César & Marie le Grand sont issus 1°. Helie qui suit; 2°. Louis César, mort Lieutenant de Vaisseau; 3°. Marie, mariée à René Turpin de Crissai, Chevalier, Seigneur de Saint-Martin; 4°. Marie-Henriette, femme de Clément de Manne, Chevalier, Seigneur du Gazon : César mourut le vingt-trois Octobre mil sept cent dix-neuf.

Helie de Sainte-Hermine, trois du nom, Chevalier, Seigneur de Saint-Laurent & de la Barriere, fut fait Garde de la Marine en mil sept cent cinq. Il est mort en mil sept cent soixante-huit,

laiffant de Madeleine Fé , fille de Jean
Fé , Ecuyer, Seigneur de Boifragon ,
alliée à la Maifon de Voyer , de Paulmi
& d'Argenfon , de celle de Livron ,
Seigneur de Pluvidal en Angoumois.
1°. René-Madelaine , Chef de bataillon
au Régiment de Rouergue , qui a époufé
Claire-Jacqvctte de Culant d'Anqueville;
il y a poftérité. 2°. Pierre-Louis , Abbé
Commendataire de Montbenoift , Aumônier ordinaire de la Reine , Commandeur Eccléfiaftique de l'Ordre de Saint-
Lazare. 3°. Jean , quatre du nom , qui
fuit , & plufieurs filles , dont Andrée eft
Abbeffe de Saint - Menoux au Diocèfe
de Bourges , entrée au Royal Monaftere
de Saint-Cyr en 1741 , & Louife Mag-
deleine de Sainte - Hcrmine , qui a
époufé en 1779 le Comte Irland ,
Chevaux-Léger & Chevalier de Saint-
Louis.

JEAN DE SAINTE-HERMINE , quatre
du nom, Chevalier , Seigneur de la
Barriere , fut fait Lieutenant au Régi-

ment de Beauvoifis en mil fept cent quarante-fept ; il a été reçu en mil fept cent foixante-neuf par Sa Majefté, Chevalier de l'Ordre de Saint-Lazare, a été nommé en mil fept cent foixante-onze, Commandeur de la Commanderie de Saint-Philippe ; il a époufé en 1755 Louife - Angélique de Roullin, fille de Meffire Jean de Roullin, Chevalier, Seigneur de la Templerie : cette famille eft alliée aux principales Maifons du Poitou ; elle eft noble, & d'ancienne race, maintenue & connue par Arrêt contradictoire du Confeil Privé du Roi, le cinq Décembre mil fix cent foixante-fept, fur la repréfentation des titres d'Alexandre Roullin, Chevalier, Seigneur de la Mortmartin, paroiffe d'Aiffre en Poitou, auteur dudit Jean, lequel eft fils d'Artus, Chevalier, Seigneur de la Pierriere-Artus, fils d'Alexandre, defcendant de Foulques & François Roullin, fes quatre aïeuls & trifaïeuls, qualifié de Haut & Puiffant, Chevalier, Seigneur

de Sainte-Mefme près Saint-Jean d'Angely , fuivant le contrat de mariage dudit Foulques avec Pierrette Mefnard
Damoifelle , fes pere & mere , paffé en
la ville de Saintes , le dernier Février
mil quatre cent quatre-vingt-onze : Jean
de Roullin a donc époufé Louife-Anne
de Mercaftel de Montfort , fille de
Meffire Claude de Merlcaftel , Chevalier , Seigneur de Montfort, lequel étoit
fils unique , héritier de Meffire René de
Merlcaftel , Seigneur de Montfort , &
de Dame Charlotte de Heron , fes pere
& mere , & de Damoifelle Marguerite
de Leftendart , fille de feu Meffire René
de Leftendart , Chevalier , Seigneur de
Roncherolles en Bray. Ces deux familles
font affez connues , & alliées aux principales Maifons de Normandie , comme
de Mailli & de Roncherolles , pour ne
pas en dire davantage. Les enfans de
Meffire Jean de Sainte-Hermine , & de
Louife-Angélique de Roullin , font :
1°. Pierre-Louis-Genevieve de Sainte-

Hermine , Comte de Brioude. 2°. Emmanuel - Armand - Jean - Benedicte de Sainte-Hermine, Chevalier de minorité de l'Ordre de Malte. 3°. Pierre-Helie-Madeleine , né le dix Novembre mil sept cent soixante-quatorze.

Les Seigneurs de MERIGNAC & COULLONGES.

Louis de Sainte-Hermine, Chevalier, Seigneur de Chenon & de Merignac , second fils de Joachim , & d'Anne de Polignac , lequel épousa en mil six cent soixante-un Marie de Livenne , fille de Messire Isaac de Livenne , Chevalier, Seigneur Desbrosses & de Merignac , & de Françoise de Sainte-Hermine , & fut pere de Louis , dont on va parler , de René , mort en 1761 , Aumônier de la Reine , & de Françoise de Sainte-Hermine, & Marie , reçue au Royal Monastere de S. Cyr en 1686. Louis de Sainte-Hermine, Seigneur de Merignac,

Colonel du Régiment de Royal des Vaiſſeaux, avoit épouſé Blanchefleur Genevieve de Guibert, Dame de Coullonges, dont eſt iſſu Louis Clément, Seigneur de Merignac & de Coullonges, reçu en 1725, Page de la feue Reine, puis Capitaine au Régiment de Vibraye, Dragon, lequel a laiſſé d'Eliſabeth de Maulevrier, Dame d'Agonnay, 1°. René-Louis, Marquis de Sainte-Hermine, né le 15 Octobre 1741, Gentilhomme d'honneur de Monſeigneur le Comte d'Artois, & ſon premier Ecuyer en ſurvivance, Colonel du Régiment de Normandie-Infanterie, marié le 23 Mai 1775, à Mademoiſelle de Polignac, fille de M. le Marquis de Polignac, dont il eſt parlé aux Seigneurs de la Laignes; 2°. René-Louis, Vicomte de Sainte-Hermine, Gentilhomme d'honneur de Monſeigneur le Prince de Condé, & Colonel en ſecond du Régiment de Bourbon : 3°. Marie-Angélique, femme de Meſſire Edouard-Jean,

Marquis de Luker, Chevalier de l'Ordre Militaire de Saint-Louis, ci-devant Colonel du Régiment de Bourgogne-Infanterie, ledit René-Louis, & Angélique de Sainte-Hermine fa fœur, légataires univerfels de feue Marguerite-Emilie de Sainte-Hermine, veuve de feu M. d'Orgeville, dont il fera parlé aux Seigneurs de la Laignes. La famille de Livenne eft noble & d'ancienne race, qui a fait plufieurs branches dans les provinces d'Angoumois, Saintonge & Poitou ; ils étoient Seigneurs de Vouzan & de Saint-Geni en Angoumois. Sur la fin du douzieme fiecle, plufieurs font entrés dans l'Ordre de Malte, & l'on trouve Baud de Livenne, Commandeur de Vouton en 1529; François de Livenne, dit le Commandeur de Verdille, fils de Pierre, & de Damoifelle Louife de Voluire, fes pere & mere, reçu au Chapitre, tenu à Loudun le 5 Mai mil fix cent trente - un ; elle eft alliée aux Maifons de Polignac, de Chabanes, de Voluire, des anciens Barons de Ruffec, de la Rochandri & de la Rochefoucault, d'Albret, d'Aubuſſon, de Beaumont, de Vernou, François-Joſeph de Livenne, Baron de Balan, & de Paul de Vernou, Seigneur de Bonneuil, dont la fille unique, Marie-Paul de Livenne, a épouſé Charles de Livenne, Chevalier, Baron des Rivieres & de Balan, Seigneur de Chatelars & de Linars en Tourraine; il y a poſtérité. Feue Madame la Comteſſe d'Aubuſſon en ſortoit, étoit couſine germaine de Paul de Vernou, Dame de Balan. Madame la Maréchale de Mouchi, Comteſſe de Noailles, deſcend également par les femmes de la Maiſon de Vernou, Seigneur de Bonneuil, Meſſire Iſaac de Gain, Marquis de Linars, Capitaine au Régiment Meſtre-de-Camp Général de Cavalerie, a épouſé Marie de Livenne, du Breuil Baſtard, la derniere de cette branche, ayant recueilli la ſucceſſion en partie de Mademoiſelle de Crévan , Dame de Monchaude.

Seigneurs de la L A I G N E en Aunis.

HELIE DE SAINTE-HERMINE , troifieme du nom , Chevalier, Seigneur de
la Laigne , deuxieme fils d'Helie de
Sainte-Hermine, deux du nom, Seigneur
du Fa, & d'Ifabelle de Polignac , mourut après l'année mil fix cent foixante-
dix-fept , ayant époufé Madeleine le
Vallois de Villette , fille de Benjamin,
Seigneur de Villette , & de Louife d'Au-
bigné , Dame de Murfay , tante de Madame la Marquife de Maintenon ; il en
avoit eu 1°. Henri - Louis de Sainte-
Hermine qui fuit. 2°. Helie, Lieutenant
Général des armées du Roi , Infpecteur
de la Cavalerie & des Dragons de l'armée d'Allemagne , mort en 1707. 3°. Philippe , Lieutenant de Vaiffeau en 1686.
4°. Jean - Pharamond , Enfeigne de
Vaiffeau , puis Abbé de Notre-Dame
d'Angle au Diocèfe de Luçon. 5°. Ma-

delaine Silvie, mariée à Alexandre Dexmier d'Olbreufe , frere de Léonore ,
femme de Georges-Guillaume Brufwick-
Lunebourg , Duc de Zell , alliance dont
eſt iſſue Madelaine - Silvie Dexmier ,
femme de Chriſtian Bulou , Grand Bailli
du Pays de Zell. 6°. Anne-Marie-Fran-
çoiſe de Sainte-Hermine , Dame d'A-
tours de Madame la Ducheſſe de Bour-
gogne , puis de la feue Reine , tous cou-
fins germain de Céfar de Sainte-Hermine
dont on a parlé , aïeul de M. de Sainte-
Hermine , le Commandeur de Saint-
Lazare. Françoiſe de Sainte - Hermine
époufa en 1687 Louis, Comte de Mailli,
Seigneur de Rubempré , Menin de Monfeigneur le Dauphin , fils du Roi Louis
XIV , & Meſtre de Camp général des
Dragons de France; de cette alliance
font iſſus 1°. Louis, Comte de Mailli,
Chevalier des Ordres du Roi , tige du
Marquis de Neſle , de Meſdames de
Coaſlin, de Montbarré , & d'Avarray ,
Françoiſe de Mailli , mariée 1°. à Louis

Phellipeau, Marquis de la Vrilliere, pere de M. le Duc de la Vrilliere, & de Madame la Comteſſe de Maurepas ; 2°. à Paul-Jule de la Porte-Mazarin, Duc de Mazarin. Louiſe - Françoiſe de Mailli, mariée à N. de Baufremont, Marquis de Liſtenay. 3°. Françoiſe de Mailli, mariée à Scipion Armand, Vicomte de Polignac, frere du Cardinal de ce nom, d'où ſont deſcendus MM. les Vicomtes de Polignac, Seigneurs de Clée, & Marquis de Polignac, premier Ecuyer de Monſeigneur le Comte d'Artois ; il y a poſtérité. Les Sainte-Hermine ont l'honneur d'appartenir à toutes ces Maiſons-là, du trois au quatrieme degré, comme on l'a remarqué par les degrés de filiation, rapportés par titres originaux dans cette preuve, de même qu'à Madame la Ducheſſe d'Aiguillon, Mademoiſelle de Plélo, fille de M. le Marquis de Plélo, & de Mademoiſelle Philippeau, ſœur de M. le Duc de la Vrilliere, & arriere petite-fille de Marie-Françoise de Sainte-Hermine, Comtesse de Mailli, tige de Madame la Marquise de Chabrillant & de M. le Comte d'Agenois, fils & fille de M. & de Madame la Duchesse d'Aiguillon, de M. & Madame la Comtesse de Maurepas & Duchesse de Nivernois, tige de Madame la Duchesse de Cossé, descendans aussi de Anne-Marie-Françoise de Sainte-Hermine, & par différentes alliances rapportées dans cette preuve, à MM. les Duc de Noailles, Maréchal de France, & Duc de Mouchi, Comte de Noailles, aussi Maréchal de France, & de Madame la Comtesse de la Markac.

HENRY-LOUIS DE SAINTE-HERMINE, Chevalier, Seigneur de la Laigne, appellé Marquis de Sainte-Hermine, fut Capitaine de Vaisseau du Roi ; il mourut en mil sept cent quinze, laissant de Marie-Marguerite-Genevieve de Morel, fille d'Achilles, Marquis de Putanges, six filles, entr'autres : 1°. Françoise

Adélaïde, mariée en mil sept cent quinze,
avec Aymar Louis , Marquis de Sailli ,
Lieutenant Général des armées du Roi
& Commandeur de l'Ordre de Saint-
Louis , & mere de M. le Marquis de
Sailli , premier Gentilhomme de M. le
Comte de la Marche & de Madame de
Souvré , mere de M. le Marquis de
Louvois ; il y a deux Demoiselles de
Sailli , l'aînée a épousé M. le Marquis
de Rochedragon , Capitaine de Cara-
biniers. 2°. Madeleine-Silvie , femme
de Mylord André Drummond , Comte
de Melfort , Maréchal de Camp ,
& mere de M. le Comte de Melfort , Maréchal de Camp ; il y a postérité. 3°. Marguerite-Emilie , mariée à
Jacques Pannier , Seigneur d'Orgevilles,
Maître des Requêtes , morte sans postérité le trois Mai mil sept cent soixante-
treize. 4°. Madeleine-Genevieve, femme
de Joseph , Marquis d'Alégre , Mestre
de Camp , de Cavalerie , morte sans
postérité le dix-sept Février mil sept cent

foixante-quinze , ayant fait par fon teftament différens legs à MM. & Demoifelle de Sainte-Hermine de la Barriere, fans avoir beaucoup grevé fa fucceffion. 5°. Anne , morte Abbeffe de Poiffi ; & la fixieme , morte fille ; toutes ces Maifons font également parentes & alliées du trois au quatrieme degré à MM. de Sainte-Hermine.

Hiftorique fur la Maifon de Sainte-Hermine , rapporté par François Corlieu , Procureur du Roi à Angoulême , en quinze cent foixante-fix , dit dans fon Hiftoire que la Tour du Fa, appellé aujourd'hui Sainte - Hermine , à deux lieues de la Ville fur le bord de la Charante , au lieu appellé le Fa , en Latin *fanum*, eft une maffe carrée oblongue de quelques vingt pieds , l'a élevé comme il eft à préfumer , par les foldats Romains , tenans garnifon en ce Pays au temps de la conquête des Gaules , pour mémoire de leurs noms , au même lieu , de laquelle maffe , appellée par les Latins

(moles)

(moles) reste encore la plus grande part pour cejourd'hui ; il est vrai que les Seigneurs du lieu , qui portent le nom de Sainte-Hermine , ont bâti une tour par le dessus , & c'est une des plus grandes antiquités qui se voit au Pays.

Extrait d'un Livre intitulé la vie & mœurs de Jean , Comte d'Angoulême.

Fils de Louis XII, Roi de France & de Vallentinne , Duchesse d'Orléans , né à Orléans le vingt-six Juin mil quatre cent quatre , mais afin qu'on ne pense point que ce que j'ai récité ci-dessus de ces belles vies & mœurs & façon de vivre soit chose supposée , il a été certifié par personnes dignes de foi, qui vivoient de son temps, tel que Gui de Mareuil, Seigneur de Villebois, appellé aujourd'hui la Vallette , *Messire Helie de Sainte-Hermine* , premier du nom , Chevalier, Seigneur du Fa, contemporain & familier de notre Prince Jean

G

Dolli, fieur des Ombrailles fon domefti-
que, une Demoifelle, nommée Romaine
de Loze, femme de Jean Tizon, Seigneur d'Argence ; Foucaud de Livron,
Seigneur de Pluvidal, du refuge de quoi
nous avons parlé au Chapitre précé-
dent, & Jean de Cahours fieur de Hau-
tebelle, qui tous ont vu & fréquenté
notre Comte, & ont rapporté ce que
deffus, lequel Jean, Comte d'Angoulême, eft mort en odeur de fainteté au
Château de la Ville de Cognac, le dernier Avril mil quatre cent foixante-onze.

C'eft d'après le Mémoire qui a été fait
par M. Cherin, Commiffaire Généalogifte
des Ordres du Roi & de l'Ordre du
Saint-Efprit, que l'impreffion de ces preu-
ves s'eft faite.